AF300114

EXPOSITION

DE L'ŒUVRE

DE VIOLLET-LE-DUC

OUVERTE

AU MUSÉE DES THERMES ET DE L'HOTEL DE CLUNY

SOUS LE PATRONAGE

DU MINISTRE DE L'INSTRUCTION PUBLIQUE ET DES BEAUX-ARTS

PRÉSIDENT DE LA COMMISSION DES MONUMENTS HISTORIQUES

HOTEL DE CLUNY

1880

Le 29 octobre 1879, lors de la reprise des travaux de la
Commission des monuments historiques à la suite des vacances,
M. le Ministre de l'Instruction publique et des Beaux-Arts
ouvrait la séance en prononçant l'éloge de M. Viollet-le-Duc,
enlevé le 17 septembre à l'affection de ses collègues :

« Messieurs, disait le Ministre,

« Au moment où vous reprenez l'ordre de vos
travaux, vos regards et vos pensées se portent tris-
tement sur cette place qui reste vide au milieu de
vous et que nul ne pourra combler. Il y a quelques
semaines, M. Viollet-le-Duc, dans la pleine ma-
turité de sa noble carrière, dans toute l'activité de
son fécond génie, dans le plus vif éclat de sa
renommée, était enlevé à l'art dont il était un des
maîtres les plus illustres, à la République qu'il
servait avec passion, à la France, glorifiée par ses
travaux. Ce grand artiste, modeste comme un vrai
savant, a défendu qu'aucune parole fût dite sur
sa tombe. Mais nous ferions preuve ici d'une sin-
gulière ingratitude, si nous n'inaugurions la reprise
de nos séances par un acte de piété envers cette
grande mémoire.

» M. Viollet-le-Duc appartient à ces privilégiés

de l'humanité qui se survivent dans des œuvres éternelles et qui ont conquis dès ce bas monde leur immortalité. Sa mémoire est à jamais liée à ces monuments incomparables, relevés, achevés, restitués, rendus à la lumière et à la vie par sa science et son génie, sur tous les points de la France, du nord au midi, pendant quarante années; son esprit revit dans des écrits considérables, qui étonnent par l'érudition immense, le savoir encyclopédique dont ils renferment le dépôt, non moins que par le labeur infini qu'ils supposent, au milieu de tant d'autres travaux. Enfin il se survit à lui-même dans cette grande commission dont il fut un des premiers collaborateurs, un des chefs les plus écoutés, et j'ose dire la personnification la plus active, la plus utile, la plus glorieuse. C'est ici, messieurs, au milieu de vous, dans les efforts de près d'un demi-siècle qui ont marqué le développement de l'architecture française d'une si profonde empreinte, dans cette infatigable et triomphante défense des grands mouvements de notre histoire contre le double vandalisme de la spéculation et de l'ignorance, c'est ici, surtout, que M. Viollet-le-Duc a laissé d'ineffaçables souvenirs. C'est parmi vous, messieurs, qu'il trouvera certainement le biographe, l'historien qu'il faut à cette noble existence, celui qui nous dira quelque jour avec l'autorité d'un témoin et d'un collaborateur la tâche immense accomplie par ce rénovateur, ce créateur, cet historien.

» Dans les derniers temps de sa vie, M. Viollet-le-Duc caressait un grand dessein. Il voulait de tant de grandes choses semées sur notre sol, entre le dixième et seizième siècle de notre histoire, constituer un musée nouveau : le musée de la sculpture française. Car cette grande âme d'artiste et de savant était par dessus tout une grande âme française. M. Viollet-le-Duc avait le culte et la passion de la France, de cette France qu'on ne sait aimer comme elle doit l'être, que lorsqu'on la connaît tout entière et qu'on l'admire non seulement dans les grandes choses qu'elle a faites depuis cent ans, mais dans les œuvres impérissables semées par son génie dans le cours des siècles passés.

» En étudiant, en décrivant, en remettant au jour, dans leur naïve et fière inspiration, tant de monuments anonymes, œuvres magnifiques et collectives de plusieurs générations d'artisans de génie, M. Viollet-le-Duc avait retrouvé les titres mêmes de ce vieux peuple de France, de ce peuple qui travaillait et qui créait sous le règne violent et tourmenté des castes oisives et batailleuses. Il avait puisé, dans cette exploration savante, l'amour passionné de la patrie française. Il en avait rapporté le sentiment et le culte de l'art national, et il en voulait faire toucher en quelque sorte du doigt, dans la reproduction des documents eux-mêmes, le développement magnifique et continu, assuré de démontrer ainsi la profonde originalité de la sculpture française et faire voir qu'elle a, le plus souvent, précédé et inauguré, là où l'on se figure qu'elle a suivi et imité, et qu'elle a plus prêté, eu définitive, à l'étranger qu'elle n'en a reçu. La conception de ce musée populaire de l'art français n'était pas restée, dans l'esprit de M. Viollet-le-Duc, un simple projet : il en avait lui-même exposé et prévu tous les détails, dans un rapport que nous possédons, et qui est une œuvre achevée, forte et précise comme tout ce qui sortait de cette plume savante.

» Il vous a paru, Messieurs, comme à moi, que pour honorer la mémoire de M. Viollet-le-Duc, nous ne pouvions rien faire de mieux que d'accepter ce legs d'un grand esprit, cet héritage de ses dernières pensées. J'ai décidé, en conséquence, que le Musée de la sculpture française serait installé conformément aux dispositions que lui-même avait tracées, dans l'aile droite du Trocadéro. La commission des Monuments historiques se chargera de réunir les moulages et de les classer, suivant l'ordre historique et avec les types de comparaison désignés par M. Viollet-le-Duc. Elle entreprendra sans délai ce beau travail. Nous ouvrirons ainsi aux artistes, aux savants, aux ouvriers de l'art et de l'industrie une source d'informations entièrement nouvelles, et en même temps, nous élèverons un véritable monument à l'art français, à l'homme illustre qui, par la rénovation de l'art contemporain, a tant influé sur les destinées de l'art contemporain, à cette Commission enfin dont il fut l'âme et qui conservera religieusement son souvenir et ses leçons (1). »

Quelques semaines plus tard, le 31 décembre 1879, M. le Ministre de l'Instruction publique et des Beaux-Arts ayant été informé que les enfants de Viollet-le-Duc se proposaient d'organiser une exposition de l'Œuvre de leur père, s'empressa de décider que cette exposition serait faite sous son patronage, aux frais de l'État et par les soins de son administration, dans les galeries du musée des Thermes et de l'Hôtel de Cluny, en chargeant M. du Sommerard, directeur du musée, d'en préparer les éléments, de concert avec MM. Eug. Viollet-le-Duc et Maurice Ouradou, fils et gendre de l'éminent artiste.

L'appel que nous avons adressé aux collègues et amis de M. Viollet-le Duc a été accueilli de la manière la plus favorable, et à peine l'exposition était-elle annoncée que tous s'empressaient de mettre à notre disposition les œuvres du maître qui étaient en leur possession. Cette exposition ne comprend donc pas seulement les travaux exécutés pour le gouvernement et les études de restauration des monuments historiques qui forment à elles seules un ensemble considérable, et que M. le sous-secrétaire d'État des Beaux-Arts a bien voulu nous autoriser à emprunter aux archives de la Commission, mais elle embrasse une suite importante de précieux documents qui nous ont été confiés et de souvenirs de voyage qui restent la propriété de la famille et de ses amis, et montrent sous un jour tout nouveau l'incomparable activité et l'érudition profonde de l'auteur du *Dictionnaire de l'Architecture.*

---

(1) *Journal officiel* du 8 novembre 1879.

En présence d'une œuvre aussi complexe et composée d'éléments aussi divers, œuvre dans laquelle l'étude du paysage, celle de la géologie, aussi bien que celle de toutes les industries d'art en honneur aux temps anciens, tiennent une place presque aussi importante que l'architecture elle-même, il était impossible de constituer un catalogue parfaitement méthodique; il a fallu se borner à un travail sommaire donnant l'énumération de tous les ouvrages exposés avec leur classification par contrées et par époques, classification dont le principal avantage est de permettre une comparaison facile entre les monuments des divers pays aux différents âges de leur histoire.

Un des anciens et plus fidèles élèves de M. Viollet–le–Duc, auquel revenait de droit l'héritage d'une partie de ses grands travaux et qui est devenu l'un de ses plus actifs continuateurs, M. de Baudot, le brillant architecte du château de Blois et notre collègue à la Commission des monuments historiques, a bien voulu, sur la demande de celle-ci, se charger de la rédaction de la Notice biographique. Nul mieux que lui ne pouvait remplir cette tâche honorable; nul n'avait plus d'autorité pour reproduire les traits saillants de l'homme éminent, du maître, dont il n'avait pas cessé jusqu'au dernier jour d'être le collaborateur et l'ami dévoué.

E. DU S.

NOTICE

SUR

VIOLLET-LE-DUC

Viollet-le-Duc (Eugène-Emmanuel), né à Paris, le 27 janvier 1814, mort à Lausanne, le 17 septembre 1879, a consacré à la cause du progrès une vie trop courte, hélas! mais remplie à l'excès, et apporté dans cette noble lutte, pour laquelle il était taillé en athlète, une énergie indomptable et une persévérance prodigieuse. Dans l'accomplissement de cette tâche, grâce aux aptitudes et aux qualités les plus diverses dont il était doué, il a, avec une rare compétence, traité bien des sujets; mais où il a montré surtout sa grande puissance intellectuelle et sa clairvoyance, c'est dans le domaine de l'art qu'il a approfondi, comme personne ne l'a fait avant lui, qu'il a étudié sous tous ses aspects et dans toutes ses expressions, avec une hauteur de vues et une nouveauté d'aperçus qui jettent une vive lumière sur bien des points, et seront dorénavant pour les artistes d'un secours sans limites.

Au dire de ses compagnons d'enfance, il apportait déjà en toutes choses, dès sa première jeunesse, un esprit d'observation qui devait singulièrement l'aider à parcourir le chemin

2

qu'il s'est frayé lui-même ; car, à vrai dire, et c'est là ce qui
donne à tout ce qu'il a écrit et créé une saveur toute particu-
lière, il n'a été l'élève d'aucun maître, et c'est absolument seul
qu'il a formé son jugement et développé son génie, ne subis-
sant d'influence qu'au contact direct des œuvres du passé.

Depuis le jour où quittant les bancs du collège et de l'atelier
d'Achille Leclère, dans lequel il ne séjourna que fort peu de
temps, pour se mettre à l'étude des monuments de l'Italie et de
la France, il précisait, à l'aide de dessins et de notes, toutes ses
observations, toutes ses impressions, et constituait ainsi un
ensemble de documents dont il ne prévoyait peut-être pas
encore l'utilisation directe, mais dont il ne devait pas tarder
à se servir, pour créer des ouvrages d'un ordre d'idées tout
nouveau, et qui doivent leur valeur tout exceptionnelle à ce
fait que leur auteur était le premier qui étudiait les manifestations artistiques des diverses époques, à la fois en philo-
sophe qui a conscience des besoins de son temps, et en artiste
armé de toutes les aptitudes et de toutes les capacités qui
facilitent le travail et la recherche ; aussi ces travaux qui font
connaître le passé, sous ses côtés vraiment utiles à l'avenir,
ont-ils ouvert une ère nouvelle et sont-ils le point de départ
d'une école future, dont Viollet-le-Duc a préparé l'éclosion et
dont il restera le chef et le guide constant, grâce aux livres
immortels dans lesquels il a traité tous les sujets qui préoc-
cupent l'artiste, depuis l'emploi de la matière jusqu'aux som-
mets les plus élevés de l'esthétique.

Ces écrits, tout d'abord, ont jeté quelque trouble au milieu
des architectes contemporains qui, élevés avec cette idée que
le sentiment seul doit guider le chercheur, n'admettaient pas
la voie dans laquelle le novateur voulait les mener en intro-
duisant le raisonnement dans l'exercice de leur art et l'esprit
d'analyse dans l'étude des monuments anciens ; d'ailleurs ces
nouveautés, qui venaient contrarier de douces et faciles illu-

sions, rendaient désormais la tâche plus difficile ; et puis il n'était plus uniquement question de l'antiquité et de son interprétation sans contrôle, mais aussi de notre architecture nationale dont on ne voulait à aucun prix entendre parler en dehors du domaine de l'archéologie et pour laquelle, depuis longtemps, on professait naïvement, dans les milieux les plus graves, plus que de l'indifférence. Toutefois, cette résistance n'était pas générale, et dès le début de ses efforts, le réformateur trouvait des partisans dont le nombre n'a fait que grandir, non seulement en France, mais dans toute l'Europe, au fur et à mesure que la pensée se développait ; actuellement le moment n'est pas loin où la nécessité de revenir à des principes qui partout ailleurs font défaut, amènera tous les esprits droits et impartiaux à considérer les théories de Viollet-le-Duc comme les seules capables de guider l'architecture et de lui permettre de trouver les solutions des problèmes complexes posés par la société moderne.

Quelle idée plus juste en effet, que celle émise à chaque pas par le maître et qui consiste à faire prendre pour base de toute conception architectonique la connaissance des besoins à satisfaire, l'emploi raisonné de la matière, et les exigences économiques de l'état social actuel ; quel meilleur conseil à donner aux architectes que celui de se rendre compte de ces besoins, ainsi que des ressources nouvelles qu'a créées l'industrie s'appuyant sur la science, que d'étudier dans les œuvres du passé celles qui supportent l'analyse jusque dans les moindres détails, et au contact desquelles l'esprit s'habitue à raisonner ! Quoi de plus utile et de plus grand enfin, que d'avoir accompli la tâche de rechercher, dans toutes les époques de l'art, tous les édifices intéressants à cet égard, de les avoir analysés et commentés sous toutes leurs faces au point de vue de l'histoire, de la structure et des proportions, d'avoir fait la lumière, sur ces œuvres à l'aide de dessins merveilleux de clarté et d'observations profondes?

En présence d'un tel programme, Viollet-le-Duc a trouvé des antagonistes plus ou moins déterminés, mais il n'a pas rencontré de contradicteurs sérieux; la vérité apparaissait trop éclatante. Toutefois on ne saurait passer sous silence les reproches qui lui étaient adressés et les craintes qui se manifestaient, lorsqu'on le vit revendiquer si hautement le rôle de la raison dans les arts et appuyer une grande partie de ses théories sur l'époque du moyen âge, dont on l'accusait de rêver une renaissance au point de vue de la forme; mais pour qui a lu attentivement ses livres, la réponse est toute faite; s'il a réclamé, pour les créations modernes, l'intervention de la raison, c'est que d'une part il craignait de voir un jour la raison seule dominer au détriment de l'art, et que d'autre part, il observait, dans les œuvres des plus belles périodes, notamment dans l'art grec et celui du moyen âge en France, qu'il existait le lien le plus intime entre la structure et la forme; d'ailleurs, il n'était pas insensible aux subtilités de la pensée, aux souplesses et aux charmes de l'imagination, seulement il n'admettait pas que le sentiment et la fantaisie puissent seuls guider l'artiste appelé à créer des édifices et des objets d'une destination sérieuse et devant répondre à des exigences de toutes sortes. Pour lui, ces théories vagues n'avaient été en honneur qu'aux époques de décadence, et il les répudiait absolument pour son temps.

Quant à sa préférence pour l'époque du moyen âge, pour le gothique comme on désigne improprement l'expression artistique qui appartient à cette période, elle a pu être plus ou moins réfléchie au début de sa carrière; mais il est évident pour tout esprit impartial qu'au moment où en 1854 il a commencé son *Dictionnaire raisonné de l'Architecture Française du XIme au XVIme siècle,* cette œuvre qui est au profit de notre pays une des gloires de l'esprit humain, il basait son admiration sur des preuves dont il a fait ressortir l'éclat et la puissance. A-t-il, comme certains de ses antagonistes l'ont prétendu, exalté outre mesure la valeur de ces manifestations artistiques ? En a-t-il tiré des déductions exagérées ? Cela n'est pas admissible pour qui veut prendre la peine d'étudier ces chefs-d'œuvre de sincérité et de goût, mais, en tout cas, cette hypothèse, qui ne peut que grandir l'homme, n'atténue en rien la grandeur des principes prêtés par Viollet-le-Duc aux maîtres de l'œuvre du moyen âge, et n'amoindrit pas le fruit que notre époque peut tirer de ce qu'il a déduit ou avancé. D'ailleurs, en lisant les *Entretiens sur l'Architecture*, dont une partie est consacrée à l'examen des monuments grecs et romains, les études sur les monuments assyriens, l'art russe et tant d'autres livres traitant de toutes les époques de l'art, il est évident que Viollet-le-Duc ne recherchait que la vérité et que, s'il a donné plus de développements à ses recherches sur notre art national, c'est qu'en raison des problèmes nombreux dont il a fourni la solution, cet art présente des sujets d'étude plus nombreux, un enseignement plus complet et plus fécond que tout autre.

Dans son rôle d'écrivain, indépendamment du besoin auquel il obéissait sans trêve, de répandre la lumière sur ce qu'il découvrait et d'en montrer le profit, en faveur de son temps, Viollet-le-Duc a contribué singulièrement aussi à faire connaître l'histoire de France, qu'il possédait mieux que personne, grâce sans doute à l'étude approfondie qu'il avait faite de son architecture civile, religieuse et militaire ; d'autre part, il ne négligeait aucune occasion de se faire, au bénéfice des artistes en général, le champion déterminé et éclairé de la liberté ; il a beaucoup dit à ce sujet, et les éclaircissements qu'il y a apportés porteront un jour leurs fruits ; en tout cas ils auront servi à éclairer la route ; c'était là un de ses thèmes favoris qui l'a préoccupé jusqu'à la fin de sa vie, car c'est dans l'un de ses derniers écrits (*de la Décoration appliquée aux édifices*) qu'il a formulé sa pensée d'une façon si nette en disant : « Il n'y a que deux modes d'existence pour l'art, l'hiératisme et la liberté ; l'hiératisme est fatalement entraîné vers la décadence irrémédiable. La liberté peut avoir des écarts, des moments de splendeur et d'éclipse, mais elle se relève toujours si bas qu'elle soit tombée, plus jeune et plus vivace. » Avec une telle élévation de pensée et une telle largeur de vues, Viollet-le-Duc ne pouvait qu'être et n'était en effet qu'un juge d'une impartialité absolue ; aussi, pour le jugement des concours et des expositions, était-il recherché ardemment par les artistes, même par ceux qui n'acceptaient pas encore complètement ses théories, car ils savaient tous trouver en lui un homme obéissant à des principes, d'un coup d'œil sûr et d'une compétence exceptionnelle.

Mais ce n'est pas seulement dans ses écrits et dans ses livres qu'il faut juger Viollet-le-Duc, et il importe de le suivre, pas à pas, dans son savoir et son talent de dessinateur, dans ses travaux de restauration et de composition, dans ses innovations hardies de constructeur comme dans la direction administrative de ses chantiers ; en un mot, il faut le voir exerçant sa profession d'architecte, dans laquelle il a apporté l'expérience et les connaissances d'un homme qui aurait vécu aux différentes époques de l'art, et pris part à leur développement, mettant néanmoins, au service du présent, l'ardeur d'un chercheur infatigable qui comprend les besoins et les aspirations de son temps.

Énumérer toutes les restaurations qu'on lui doit serait long, mais il est indispensable de citer les plus importantes, car elles sont œuvre de génie ; c'est d'abord la fameuse église de Vézelay, par laquelle il débuta tout jeune et presque nouveau dans la pratique avec une sûreté prodigieuse ; puis la restauration de Notre-Dame de Paris, dans laquelle il a fallu vaincre des difficultés inouïes et qui aurait exigé la vie entière d'un autre homme; celle du château de Pierrefonds, qu'il a fallu reconstituer de fond en comble sans autres données que quelques substructions et des morceaux en ruine retrouvés sur le sól; la restitution de l'ancienne cité de Carcassonne, de ses remparts et de son église; la restauration de la cathédrale de Reims, de l'abbaye de Saint-Denis, de l'église Saint-Sernin de Toulouse, des remparts d'Avignon, monuments d'un même temps, mais tous différents par le caractère de chaque école, par la nature des matériaux employés comme par le mode de structure, et, lorsqu'on sait que dans tous ces chantiers Viollet-le-Duc faisait presque tout seul la besogne entière qui incombe généralement à plusieurs : relevés nécessaires à la restitution, étude précise de l'appareil, tracé des échafaudages et des moyens de reprise en sous-œuvre, composition de toutes les formes, depuis les ensembles jusqu'aux moindres détails, y compris ceux de sculpture et de peinture, on reste confondu de rencontrer, chez un seul, une telle puissance et une telle fécondité; mais aussi on comprend de quelle nature est le secours puissant apporté par un tel homme dans le domaine de l'architecture à une époque qui cherche sa voie !

Indépendamment de ces colossales restaurations qui équivalent, sur bien des points, à des créations originales, ce travailleur qui ne prenait pas de repos a conçu un nombre considérable de projets, dont beaucoup ont été exécutés, et qui lui font d'autant plus d'honneur qu'il n'a rien fait pour séduire par l'apparence et qu'il a résisté aux tendances qu'il blâmait énergiquement, tenant avant tout à rester fidèle aux principes qu'il préconisait et à montrer comment ils devaient être appliqués de nos jours. C'est dans cet ordre d'idées sage et si conforme aux nécessités actuelles qu'il a conçu la nouvelle église de Saint-Denis, pour laquelle ne disposant que de faibles ressources, il a adopté un vaisseau de forme trapue et une ornementation très sobre, tout en arrivant néanmoins à une solution qui a la valeur véritable d'une œuvre d'art ; c'est ainsi que n'approuvant pas les folles dépenses faites dans bon nombre de nos édifices modernes, dépenses qui la plupart du temps ne profitent ni à la satisfaction réelle du public, ni à l'art, il a composé un projet pour le nouvel Opéra qui, lors du concours, a fait un certain bruit ; et cependant, malgré ce point de départ, il a conçu là un édifice original, d'une disposition parfaite et dont l'exécution eût révélé certainement bien plus encore la valeur, par l'originalité et la distinction des détails que l'artiste y aurait apportés. C'est toujours en suivant la même voie qu'il a laissé un nombre considérable de constructions privées, d'églises, notamment celle étudiée par la ville de Paris, qui n'a pas été exécutée, de créations très variées, toutes intéressantes et instructives, et aussi ces compositions si originales contenues dans la seconde partie des *Entretiens sur l'architecture*.

Si Viollet-le-Duc avait voulu se lancer dans la voie des conceptions, dont le mérite principal est de frapper la vue, il y eût réussi autant et plus que d'autres, grâce à son habileté exceptionnelle, à sa fécondité prodigieuse, à sa mémoire si ornée ; mais il n'a pas voulu jeter de poudre aux yeux et, blâmant ses contemporains de concevoir leurs édifices comme s'ils travaillaient pour le siècle de Louis XIV, il n'a pas oublié qu'il vivait au dix-neuvième siècle et en cela il est franchement un architecte moderne. Quant aux résultats qu'il obtenait dans bien des cas, il ne se faisait pas illusion, car il savait qu'il n'est pas donné à un seul de créer un art nouveau et qu'une telle solution ne peut être obtenue qu'à la suite d'efforts collectifs d'une ou de plusieurs générations. D'ailleurs, lorsqu'il était absolument libre et qu'il ne s'agissait que de créer dans le domaine pur de l'art, n'a-t-il pas, tout en restant fidèle à ses principes de sincérité, produit des œuvres véritablement belles parmi lesquelles il faut citer en première ligne : la flèche de Notre-Dame de Paris, qui est un pur chef-d'œuvre de proportion et de forme, la façade de la nouvelle cathédrale de Clermont-Ferrand, dont les masses présentent les lignes les plus pures et dont les détails sont si pleins de franchise et d'originalité; le maître autel de cette même cathédrale, qui est un bijou d'orfèvrerie; le tombeau du duc de Morny, conception étrange mais pleine de caractère, etc. On a objecté, au sujet de ces créations, que l'emploi du style dit gothique avait facilité la tâche de l'artiste; mais ce jugement ne peut être pris au sérieux et il a d'autant moins de portée qu'il émane d'une école antagoniste, qui, malgré une existence déjà longue, n'est pas sortie des applications plus ou moins raisonnées et plus ou moins heureuses de l'antiquité grecque et romaine.

Mais ce n'est pas encore là tout ce qu'a fait Viollet-le-Duc, et on se demande comment, au milieu de tous ses travaux pratiques, de toutes ses recherches, de tous ses écrits, des luttes constantes qu'il a eu à soutenir, il a trouvé encore le temps de créer cet admirable cours qu'il a dirigé pendant plus de dix ans à l'École nationale de dessin, et dont il faisait lui-même toutes les compositions et tous les modèles; de remplir d'une façon si utile et si brillante ses fonctions d'Inspecteur général des Édifices diocésains; d'aider la Commission des Monuments historiques de ses rapports clairs et fournis, ainsi que de ses exposés si savants; et comment il pouvait chaque matin se mettre au service de ses confrères, des artistes de tout genre, des entrepreneurs, des industriels, des inventeurs de toutes sortes qui le consultaient et auxquels il facilitait singulièrement les solutions, par des conseils toujours appuyés de croquis ravissants, pleins

de clarté et d'à propos. Et cependant il devait encore se
livrer à des travaux scientifiques de la plus grande valeur
et faire, sur la Suisse, des études géologiques qu'il a réunies
dans un livre sur le Mont-Blanc, avec des cartes dessinées de
sa main; puis se consacrer à sa patrie dans sa mission de
soldat du siège et plus tard dans ses fonctions de membre
du Conseil municipal de la ville de Paris, dont il était un
des enfants et dont il connaissait si bien l'histoire et les aspirations. Il devait enfin créer pour la jeunesse de charmants
livres qui resteront comme des chefs-d'œuvre de vulgarisa-
ion et de philosophie, l'*Histoire de l'Habitation humaine*,
l'*Histoire d'une maison*, celle d'un *Hôtel-de-Ville* et d'une
Cathédrale, celle d'une *Forteresse*, et surtout l'*Histoire d'un
Dessinateur*, dans laquelle il expose tout un programme
destiné à relever le niveau de ce que l'on appelle aujourd'hui
les arts décoratifs, pour l'exercice desquels l'esprit français est
doué de si grandes facultés ; ce livre, le dernier qu'il ait écrit,
est un chef-d'œuvre de concision et un guide qui sera bien
utile, lorsque le jour sera venu où on reconnaîtra la nécessité
de créer, à côté des beaux musées que nous possédons, l'enseignement qui seul permettra d'en profiter utilement.

Aujourd'hui l'homme, l'ami, le soutien n'est plus, mais ses
œuvres et ses doctrines nous restent et il importe de les pro-
pager, non seulement comme un hommage dû à l'artiste, au
penseur, au patriote, mais comme un moyen de répandre la
lumière et la vérité ; aussi ses élèves et ses adeptes ne failliront
pas à ce devoir.

Quant à la commission des Monuments historiques, dont
M. le Ministre de l'Instruction publique et des Beaux-Arts a
dit que Viollet-le-Duc était l'âme, il lui appartient d'aider à la
réalisation d'une partie de la pensée de son ancien collaborateur
qui a toujours demandé l'introduction de l'étude de l'art français dans l'éducation des architectes ; elle s'associera d'autant

plus volontiers à ce but qu'elle comprend, comme lui, le danger qu'il y a à retarder cette solution, car il viendrait un jour où les architectes, connaissant notre art national, feraient défaut, et cet état de choses serait fatal à la conservation des édifices qui sont une des richesses et des gloires de la France.

C'est par de tels témoignages, les seuls qui aient une véritable portée, que doit être honorée la mémoire de cet homme, aussi simple que grand, qui, indifférent aux honneurs, ne devait pas ambitionner d'autre hommage de la part de ses contemporains.

A. DE BAUDOT.

ARCHITECTURE DE L'ANTIQUITÉ

1. — **APPLICATION ROMAINE DU STYLE GREC.**
   Dessin au trait. — (Encadré.)
   (Fait partie d'une étude publiée dans *l'Art*, en 1879, sous
   le titre : *De la Décoration appliquée aux édifices.* — *Pro-*
   priété de ce journal.)

2. — **AUTUN** (France). — Porte Saint-André. (*Projet de res-*
   tauration et de consolidation.)
   1° Plans. — Voir carton n° 1.
   2° Élévation, coupes et détails (1 cadre).
   (*Archives de la Commission des monuments historiques.*)

3. — **GIRGENTI** (Italie). — Temple de la Concorde.
   Dessin à la sépia. — 1836. — (Encadré.)

4. — **GIRGENTI** (Italie). — Fragments du temple des Géants.
   Dessin à la sépia. — 25 mai 1836. — Voir carton n° 1.

5. — **GIRGENTI** (Italie). — Temple de Junon Lucine.
   Dessin à la mine de plomb, — 24 mai 1836. — Voir
   carton n° 1.

6. — **KARNAC** (Égypte). — Salle hypostyle.
   Dessin au trait. — (Encadré.)
   (Fait partie d'une étude publiée dans *l'Art* en 1879, sous
   le titre : *De la Décoration appliquée aux édifices.* — *Pro-*
   priété de ce journal.)

7. — KHORSABAD (ASSYRIE). — Entrée sud-est du palais.
Dessin au trait. — (Encadré).
(Fait partie d'une étude publiée dans *l'Art* en 1879, sous
le titre : *De la Décoration appliquée aux édifices. — Propriété de ce journal.*)

8. — MENEPTEHUM (ÉGYPTE). — Portique du temple.
Dessin au trait. — (Encadré.)
(Fait partie d'une étude publiée dans *l'Art* en 1879, sous
le titre : *De la Décoration appliquée aux édifices. — Propriété de ce journal.*)

9. — NINIVE (ASSYRIE). — Salle du palais du Nimroude.
Dessin au trait. — (Encadré.)
(Fait partie d'une étude publiée dans *l'Art* en 1879, sous
le titre : *De la Décoration appliquée aux édifices. — Propriété de ce journal.*)

10. — PESTUM (ITALIE). — Intérieur du temple de Neptune.
Dessin à la sépia. — 1836. — (Encadré.)

11. — POMPEI (ITALIE). — Atrium de la maison Cornelia
Rufo.
Dessin au trait. — (Encadré.)
(Fait partie d'une étude publiée dans *l'Art* en 1879, sous
le titre : *De la Décoration appliquée aux édifices. — Pro-
priété de ce journal.*)

12. — POMPEI (ITALIE). — Impluvium d'une maison.
Dessin gravé. — Voir carton nº 1.
(Publié dans *l'Encyclopédie d'Architecture*, 2ᵉ série.)

13. — POMPEI (ITALIE). — Basilique.
Dessin au trait. — (Encadré.)
(Fait partie d'une étude publiée dans *l'Art* en 1879, sous
le titre : *De la Décoration appliquée aux édifices. — Propriété de ce journal.*)

14. — ROME (Italie). — Arc de Titus.
Dessin à la mine de plomb. — 22 novembre 1836. —
Voir meuble C.

15. — ROME (Italie). — Colonne Trajane. — Voir carton n° 1.
1° Face principale de la base. Mine de plomb. — 28
mars 1836.
2° Autre face de la base. Mine de plomb. — 26 mars
1836.
3° Détails. — 1837.

16. — ROME (Italie). — Grande salle des thermes d'Antonin
Caracalla.
Dessin au trait. — (Encadré.)
(Fait partie d'une étude publiée dans *l'Art* en 1879, sous
le titre : *De la Décoration appliquée aux édifices. — Pro-
priété de ce journal.*)

17. — ROME (Italie). — Intérieur des thermes de Caracalla.
Sépia. — 1836. — (Encadrée.)

18. — ROME (Italie.) — Vue du Colisée.
Sépia. — 1837. — (Encadrée.)

19. — SÉGESTE (Italie). — Temple. — 1836. — (Encadré.)

20. — SÉLINUNTE (Italie). — Ruines.
Dessin à la mine de plomb. — 20 mars 1836. — Voir
carton n° 1.

21. — SYRACUSE (Italie). — Amphithéâtre.
Dessin à la mine de plomb. — 6 juin 1836. — Voir carton n° 1.

22. — SYRACUSE (Italie). — Théâtre antique.
Sépia. — 1836. — (Encadrée.)

23. — TAORMINE (Italie). — Théâtre antique.
1° Plans, états, actuel et restauré (encadrés).
2° Vue perspective de l'état actuel (sépia encadrée).

3° Vue perspective de l'état restauré (aquarelle encadrée).
Travail exposé au Salon de 1844.
(*App. à M. Ouradou.*)

24. — THÈBES (Égypte). — Le Memmonium.
Dessin au trait. — (Encadré.)
(Fait partie d'une étude publiée dans *l'Art* en 1879, sous
le titre : *De la Décoration appliquée aux Édifices. — Propriété de ce journal.*)

25. — THERMES ROMAINS (Italie).
Dessin au trait. — (Encadré.)
(Fait partie d'une étude publiée dans *l'Art* en 1879, sous
le titre : *De la Décoration appliquée aux édifices. — Propriété de ce journal.*)

26. — FORTIFICATIONS ROMAINES à Saint-Pierre-la-Chastre
(Oise). Essai de restitution. — Voir carton n° 1.

ARCHITECTURE MILITAIRE

DU MOYEN AGE

---

27 à 32. — AVIGNON (Vaucluse). — Remparts de la ville.
Plans, coupes et élévations ; états actuels et états restaurés.
6 feuilles, dont 1 encadrée et. 5 dans le carton n° 2.
(*Archives de la Commission des Monuments historiques.*)

33. — BONAGUIL (Lot-et-Garonne). — Plan, vues et détails du château.
Sépia. — 1844. — Voir meuble C.
(*Archives de la Commission des Monuments historiques.*)

34 à 61. — CARCASSONNE (Aude). — Remparts de la Cité.
Plans, coupes, élévations et détails des principales défenses
de l'enceinte avant et après la restauration.
28 feuilles dont 8 encadrées, 19 dans le carton n° 2 et une
dans le meuble C.
(*Archives de la Commission des Monuments historiques.*)
(Travail exécuté en 1853.)

62. — COUCY (Aisne). — Château.
Dessin pour l'exécution du bas-relief du tympan restauré
de la porte du donjon, septembre 1858. — Voir meuble C.
(*App. à M. Geoffroy-Dechaume.*)

63. — MONTBARD (Côte-d'Or). — Donjon de l'ancien château.
Plans, coupe et élévation. Voir carton n° 2.
(*Archives de la Commission des Monuments historiques.*)

64. — PARIS (Seine). — Ancienne tour Bichat, aujourd'hui
détruite.
Plans, coupe, élévation et vue restaurée.
Juillet 1854. — Voir meuble C.
(*Archives de la Commission des Monuments historiques.*)

65 à 67. — PIERREFONDS (Oise). — Château.
Projet de restauration 1858.
3 feuilles dont 2 encadrées et 1 dans le meuble C.

68 à 80. — PIERREFONDS (Oise). — Château.
Plans, coupes et élévations des états restaurés. — 1868.
13 feuilles dont 3 encadrées, 3 dans le meuble C et 7 dans
le carton n° 2.
(*Archives de la Commission des Monuments historiques.*)

81 à 127. — PIERREFONDS (Oise). — Château.
Compositions pour l'exécution de la statuaire et de la sculpture d'ornementation.

(47 feuilles dont 9 encadrées, 32 dans le meuble B, 5 dans
le carton n° 2 et 1 sur un châssis).
(*Archives de la Commission des Monuments historiques.*)

128 à 139. — PIERREFONDS (Oise). — Château.
Maquettes et cartons composés et dessinés grandeur d'exé-
cution pour la peinture décorative des salles.
(*Archives de la Commission des Monuments historiques.*) —
Voir le meuble B, le carton n° 2 et les grands châssis
dans la salle.

140 à 143. — PIERREFONDS (Oise). — Château.
Compositions pour l'exécution de crêtes et poinçons en
plomberie, 4 feuilles. — Voir meuble B.
(*Archives de la Commission des Monuments historiques.*)

144. — PIERREFONDS (Oise). — Château.
Projet de décoration et de mobilier de l'une des salles du
grand logis.
Aquarelle. — 1858. — (Encadrée.)

145. — **PIERREFONDS** (OISE). — Château.
Lit pour l'une des salles du grand-logis (projet).
Aquarelle. — 1867. — (Encadrée.)

146. — **TOULOUSE** (HAUTE-GARONNE). — Donjon du Capitole
(projet de restauration), flèche neuve composée par Viollet-
le-Duc.
(*App. à la Ville de Toulouse.*)

ARCHITECTURE CIVILE

DU MOYEN AGE ET DE LA RENAISSANCE

147 à 150. — **AVIGNON** (Vaucluse). — Palais des papes. — Projet de restauration.
(*Archives de la Commission des Monuments historiques.*)— 3 feuilles. — Voir meuble C.

151. — **FLORENCE** (Italie). — Place du Palais-Vieux.
Aquarelle 1837. — (Encadrée.)

152. — **FLORENCE** (Italie). — Petit palais dans la Via-Larga.
Octobre 1836. — Voir carton n° 3.

153. — **FOLIGNO** (Italie). — Hôpital, autrefois maison des Juifs.
Aquarelle 1837. — (Encadrée.)

154 à 157. — **NARBONNE** (Aude). — Ancien archevêché.
(Appropriation pour l'hôtel de ville et le musée 1843-1845). — A été exécutée.
4 feuilles. — Voir carton n° 3.
(*App. à la ville de Narbonne*).

158. — **PALERME** (Italie). — Cour du palais Paterno.
Juillet 1836. — Voir carton n° 3.

159. — **PARIS** (Seine). — Hôtel de la Trémoille (aujourd'hui détruit).

Tourelle de l'escalier.
Plans et élévation. — (Encadrés.)

160 à 162. — **PARIS** (Seine). — Les Tuileries (portique de Philibert Delorme).

Élévation d'une travée et détails.
3 feuilles. — Voir carton n° 3.

163. — **ROME** (Italie). — Villa Albano.
Janvier 1837. — Voir carton n° 3.

164 et 165. — **ROME** (Italie). — Palais de la Chancellerie.
1837. — 2 feuilles, dont 1 encadrée et 1 dans le meuble C.

166. — **ROME** (Italie). — Le Vatican.
Quart d'une voûte des *stanze* de Raphaël.
Aquarelle 1836. — (Encadrée.)

167. — **ROME** (Italie).
Quart d'une voûte du chœur de l'église Santa-Maria del Popolo.
Aquarelle 1836. — (Encadrée.)

168. — **ROME** (Italie). — Le Vatican.
Une travée des loges de Raphaël.
Aquarelle 1839. — (Encadrée.)
(*App. à M. E. Viollet-le-Duc*).

169. — **SAINT-ANTONIN** (Tarn-et-Garonne). — Hôtel de Ville. — Restauration exécutée.
Plans, façades, coupes et détails. — Voir meuble C.
(*Archives de la Commission des Monuments historiques.*)

170 à 173. — **SENS** (Yonne). — Salle synodale. — Projet de restauration, (a été exécuté).
4 feuilles dont 1 encadrée et 3 dans le meuble C.
(*Archives de la Commission des Monuments historiques.*)

174. — **TOULOUSE** (Haute-Garonne). — Collège Saint-Raymond.
Décembre 1846. — Voir meuble C.

(*Archives de la Commission des Monuments historiques.*)

175. — **TOULOUSE** (Haute-Garonne). — Petite cour du
Lycée. — Dessin original pour la gravure (encadré).
(Fait partie d'une étude publiée dans *l'Art* en 1879, sous
le titre : *De la Décoration appliquée aux édifices. — Propriété de ce journal.*)

176. — **VENISE** (Italie). — Palais des doges.
Aquarelle 1837. — (Encadrée.)

177. — **VENISE** (Italie). — Palais. — Voir meuble A.
Dessin original fait pour les *Entretiens sur l'Architecture.
App. à la maison Morel, éditeur.*) — Encadré.

ARCHITECTURE RELIGIEUSE

DU MOYEN AGE ET DE LA RENAISSANCE

178 et 179. — **ALBI** (Tarn). — Église Saint-Salvi. — Vue de
l'abside, du clocher et tombeau.
2 feuilles. — Voir meuble C.
(*Archives de la Commission des Monuments historiques.*)

180 et 181. — **ASSISE** (Italie). — Église et cloître de San
Francesco.
1837. — Aquarelle et Sépia encadrées.

182. — **AUXERRE** (Yonne). — Crypte de l'église Saint-
Étienne. — Voir meuble C.
(*Archives de la Commission des Monuments historiques.*)

183. — **AUXERRE** (Yonne). — Clocher de l'église Saint-Eusèbe.
Plans, coupe, élévation et vue perspective, 1847.
Voir meuble C.
(*Archives de la Commission des Monuments historiques.*)

184. — **AVALLON** (Yonne). — Église Saint-Lazare. — Voir
meuble C.

185. — **BEAULIEU** (Tarn-et-Garonne). — Église.
Plan, façade et vues perspectives. — Voir carton n° 4.
(*Archives de la Commission des Monuments historiques.*)

186 à 190. — **BEAUNE** (Cote-d'Or). — Église Notre-Dame.
Plan, coupes et façade.

5 feuilles, dont 1 dans le meuble C et 4 dans le carton n° 4.
(*Archives de la Commission des Monuments historiques.*)

191. — BELLOY (Seine-et-Oise). — Église.
Vue perspective de la façade. — Sépia. — 1845. — Voir
meuble C.
(*Archives de la Commission des Monuments historiques.*)

192 et 193. — BRIVES-LA-GAILLARDE (Corrèze). — Église
Saint-Martin.
Plan, coupes et vues de l'abside et du transept.
2 feuilles. — Voir carton n° 4.
(*Archives de la Commission des Monuments historiques.*)

194 à 198. — CARCASSONNE (Aude). — Église Saint-Nazaire, dans la cité.
Plan, coupes et façades.
5 feuilles, dont 1 dans le meuble C et 4 dans le carton n°. 4.
(*Archives de la Commission des Monuments historiques.*)

199 à 200 *bis*. **— CARCASSONNE** (Aude). — Cathédrale.
Composition pour l'exécution de la sculpture de l'orgue.
3 feuilles. — Voir meuble C.
(*App. à M. Corbon qui a exécuté d'après le dessin.*)

201. — CARRIÈRES-SAINT-DENIS (Seine). — Église, réta-
ble du XIIe siècle.
Voir meuble C.
(*Archives de la Commission des Monuments historiques.*)

202. — CAUSSADE (Tarn-et-Garonne). — Clocher.
Voir meuble C.
(*Archives de la Commission des Monuments historiques.*)

203 à 205. — CLERMONT-FERRAND (Puy-de-Dome). —
Cathédrale.
Composition pour l'exécution de la sculpture.
3 feuilles. — Voir meuble C.
(*App. au Ministère des Cultes.*)

206 à 208. — **CLERMONT-FERRAND** (Puy-de-Dome). — Cathédrale.

Projet d'un maitre-autel et d'une grille en fer forgé, pour le chœur, 3 dessins encadrés. — (Cet autel a été exécuté d'après une autre composition de Viollet-le-Duc.)

(*App. au Ministère des Cultes.*)

209 et 210. — **CONSTANTINOPLE** (Turquie). — Église Sainte Sophie, entrée principale et intérieur.

2 dessins encadrés.

(Font partie d'une étude publiée dans *l'Art*, sous le titre: *De la Décoration appliquée aux édifices. — App. à ce journal.*)

211 et 212. — **EBREUIL** (Allier). — Église.

Plan, coupe et façade.

2. feuilles, dont 1 dans le meuble C, et 1 dans le carton N° 4.

(*Archives de la Commission des Monuments historiques*).

213 à 216. — **EU** (Seine-Inférieure). — Ancienne église ab-batiale.

Plan, coupes et façades.

4 feuilles, dont 1 dans le meuble C et 3 dans le carton n° 4.

(*Archives de la Commission des Monuments historiques*).

217. — **FLAVIGNY** (Cote-d'Or). — Église.

Plan, coupes et vues de l'abside. — Voir carton n° 4.

(*Archives de la Commission des Monuments historiques.*)

218. — **FLEURANCE** (Gers). — Église.

Vues intérieure et extérieure. — 1844. — Voir meuble C.

(*Archives de la Commission des Monuments historiques.*)

219 à 221. — **FLORENCE** (Italie). — Eglise de San Miniato.

Intérieur. — Mosaïque du pavé et sacristie.

3 dessins encadrés.

222 et 223. — **FLORENCE** (Italie). — Cathédrale.

Abside, portes, fenêtres et piles.

2 aquarelles, 1836, dont 1 encadrée et 1 dans le carton n° 6.

224. — **FLORENCE** (Italie).— Chapelle des Pazzi.
Dessin. — 1836. — (Encadré.)

225. — **FLORENCE** (Italie). — Chaire dans l'église de
Santa-Croce.
Dessin. — 1836. — Voir carton n° 6.

226. — **FLORENCE** (Italie). — Eglise Saint-Laurent.
Dessin. — 1836. — Voir meuble C.

227. — **FONTENAY** (Cote-d'Or). — Cloître.
1 dessin. — (Encadré.)
(*Archives de la Commission des Monuments historiques.*)

228. — **FONTFROIDE** (Aude). — Eglise et cloître.
Plan, coupe et détails. — 1843. — Voir meuble C.
(*Archives de la Commission des Monuments historiques.*)

229. — **FONTGOMBAULT.** — Eglise.
1 dessin. — 1844. — Voir meuble C.

230. — **GAILLAC** (Tarn). — Eglise.
Dessin. — 1843. — Voir carton n° 4.
(*Archives de la Commission des Monuments historiques.*)

231. — **GÊNES** (Italie). — Portail de la cathédrale.
1 dessin. — 1836. — (Encadré.)

232. — **LE MANS** (Sarthe). — Vitrail de la cathédrale (Geof-
froy-le-Bel, comte du Maine).
Aquarelle. — Voir meuble C.

233. — **LE MAS-D'AGENAIS** (Lot-et-Garonne). — Eglise.
Plan, façade, vues perspectives et détails.
Sépia. — 1844. — Voir meuble C.
(*Archives de la Commission des Monuments historiques.*)

234. — **LOUPIAC** (Gironde). — Façade de l'église.
1 dessin. — Voir meuble C.
(*Archives de la Commission des Monuments historiques.*)

235. — **MESSINE** (Italie). — Chaire de la cathédrale.
1 dessin. — 1836. — Voir carton n° 6.

236. — **MESSINE** (Italie). — Détails de la charpente de la
Matrice.
Aquarelle. — 1836. — (Encadrée.)

237. — **MOISSAC** (Tarn-et-Garonne). — Église.
Façade méridionale et coupe.
Lavis. — 1847. — Voir meuble C.
(Archives de la Commission des Monuments historiques.)

238. MONTMAJOUR (Bouches-du-Rhône). — Eglise Sainte-
Croix. — Plan, coupe et perspective.
Dessin. — 1843. — Voir carton n° 4.
(Archives de la Commission des Monuments historiques).

239. — **MONTRÉALE** (Yonne). — Eglise.
Plan, coupe, façade et détails.
Lavis. — 1844. — Voir carton n° 4.

240. — **MORREALE**, près Palerme (Italie). — Couvent des
Bénédictins.
1 dessin. — 1836. — Voir meuble C.

241 à 244. — **NEUVY-SAINT-SEPULCRE** (Indre). — Église.
Plans, coupes, élévations et détails.
4 feuilles dont 1 encadrée, et 3 dans le carton n° 4.
(Archives de la Commission des Monuments historiques.)

245 et 246. — **PALERME** (Italie). — Cathédrale.
Porte latérale et chapiteau du portique.
2 dessins 1836. — Voir carton n° 6.

247 et 248. — **PALERME** (Italie). — Chapelle royale.
Mosaïques et candélabres.
2 dessins 1836 dont 1 encadré et 1 dans le meuble C.

249. — **PALERME** (Italie). — Église de Montréale.
Aquarelle 1836. — (Encadrée.)

250. — **PALERME** (Italie). — Stalles de l'église de Saint-
Martin, près Palerme.
1 dessin 1836. — Voir carton n° 6.

251 et 252. — **PALERME** (Italie). — Église de Sancta Jus-
tinia.
2 dessins 1836. — Voir meuble C.

253. — **PARIS** (Seine).—Cathédrale. (Monument entièrement
restauré parLassus et Viollet-le-Duc.)

Élévation et coupe d'une travée de la face nord.
Lavis signé : Lassus et Viollet-le-Duc 1851. — Voir
meuble C.
(*App. au Ministère des Cultes.*)

254 à 262. — **PARIS** (Seine). — Cathédrale.
Compositions pour l'exécution de la sculpture d'ornement.
9 feuilles. — Voir meuble C.
(*App. au Ministère des Cultes.*)   .

263. — **PARIS** (Seine). — Cathédrale.
Composition pour l'exécution de la sculpture sur bois du
couronnement des stalles. — 1851. — Voir carton n° 4.
(*App. à M. Corbon, qui a exécuté d'après le dessin.*)

264 et 265. — **PARIS** (Seine). — Cathédrale.
Compositions pour l'exécution de la statuaire.
2 feuilles 1848. — Voir meuble C.
(*App. à M. Geoffroy-Dechaume, qui a exécuté d'après les
dessins.*)

266 à 268. — **PARIS** (Seine). —Cathédrale. Flèche composée
et exécutée par Viollet-le-Duc. (Voir le modèle de la charpente à 0^m02 p. m.)
2 photographies. — Voir carton n° 7.

269. — **PISE** (Italie). — Façade de l'église San Paolo. —
1836. — 1 cadre,

270 et 271. — **PISE** (Italie). — Campo Santo.
1° Fresque, aquarelle. — 1836. — (Encadrée.)
2° Monument, dessin au trait. — 1836. — Voir carton n° 6.

272. — **PISE** (Italie). — Monument dans la cathédrale. —
1 dessin. — 1836. — Voir carton n° 6.

273 à 276. — **POISSY** (Seine-et-Oise). — Plan, coupes et
façade. —1844. — Monument restauré par Viollet-le-Duc,
4 feuilles — Voir carton n° 4.
(*Archives de la Commission des Monuments historiques.*)

277 à 279. — **PONTIGNY** (Yonne). — Ancienne église abba-
tiale.
Plan, coupes et façade. — 3 feuilles. —Voir carton n° 4.
(*Archives de la Commission des Monuments historiques.*)

280. — **REIMS** (Marne). — Cathédrale. Chœur restauré par
Viollet-le-Duc.
Composition pour l'exécution du couronnement du dais
de l'autel de la Vierge. — 1859. — Voir meuble C.
(*App. à M. Corbon qui a exécuté d'après le dessin.*)

281. — **ROME** (Italie). — Basilique de Saint-Clément.
Aquarelle. — 1837. — (Encadrée.)

282. — **ROME** (Italie). — Clocher sur le temple de Vénus.—
1837. — Voir carton n° 6.

283 et 284. — **ROME** (Italie). — Cloitre de Saint-Jean de
Latran.
1° Vue du cloître. — 1837. — (Encadrée.)
2° Détails et mosaïques. — 1837. — (Encadrés.)

285 à 287. — **ROME** (Italie). — Église de Santa Maria del
Popolo.
1° Vue de l'église. — 1837. — Voir carton n° 6.
2° Voûte d'arête dans le chœur. — Aquarelle. — 1838. —
(Encadrée.)
3° Monument dans l'église. — 1837. — Voir carton n° 6)

288 et 289. — **ROME** (Italie). — Église Saint-Paul-hors-les-
Murs. — Siège pontifical. — 1837. — 1 cadre.

290. — **ROME** (Italie). — Église. — 1836.
Voir carton n° 6.

291 à 295. — **SAINT-DENIS** (Seine). — Ancienne église
abbatiale. Monument restauré par Viollet-le-Duc. —

Plan, coupe, façades et vue perspective. — 5 feuilles, dont 4 dans le meuble C et 1 dans le carton n° 5.

(Archives de la Commission des Monuments historiques.)

296 à 298. — **SAINT-DENIS** (SEINE). — Ancienne église abbatiale. — Compositions pour l'exécution des grilles de la chapelle de la Vierge. — 1856. — 3 feuilles. — Voir carton n° 5.

(Archives de la Commission des Monuments historiques.)

299 et 300. — **SAINTE-SABINE** (CÔTE-D'OR). — Église. Plan, coupes et façades. — 2 feuilles. — Voir carton n° 5.

(Archives de la Commission des Monuments historiques.)

301 et 302. — **SAINT-THIBAULT** (CÔTE-D'OR). — Église. — Plan, coupe, façade et vue perspective. — 1843. — 2 feuilles. Voir carton n° 5.

(Archives de la Commission des Monuments historiques.)

303. — **SAULIEU** (CÔTE-D'OR). — Église. — Plans, coupes, façade et détails. — 1845. — Voir carton n° 5.

(Archives de la Commission des Monuments historiques.)

304 à 307. — **SEMUR** (CÔTE-D'OR). — Église. — Plan, coupes et vues perspectives.—4 feuilles dont 2 dans le meuble C et 2 dans le carton n° 5.

(Archives de la Commission des Monuments historiques.)

308 à 311. — **SIENNE** (ITALIE). — Cathédrale. — 1836. — 4 dessins dont un encadré, 2 dans le meuble C et 1 dans le carton n° 6.

312. — **SIMORRE** (GERS). — Église. — Plans, élévations, perspective et détails. —1843. — Voir carton n° 5.

(Archives de la Commission des Monuments historiques.)

313. — **SUBIACO**, près Rome (ITALIE). — Chapelle inférieure du caveau de San-Benedetto. — 1837. — 1 cadre.

314. — **SURGÈRES** (CHARENTE-INFÉRIEURE). — Église. — Dessin 1845. — Voir meuble C.

315. — **TOSCANELLA** (ITALIE). — Façade de l'église Saint-
Pierre. — 1837. — (Encadrée.)

316 à 320. — **TOULOUSE** (HAUTE-GARONNE). — Ancien
couvent des Jacobins.—Plan, coupes, façades et détails.
— 5 feuilles dont 1 encadrée, 2 dans le meuble C et
2 dans le carton n° 5.
(*Archives de la Commission des Monuments historiques.*)

321 à 328. — **TOULOUSE** (HAUTE-GARONNE).— Église Saint-
Sernin entièrement restaurée par Viollet-le-Duc. — Plans,
coupes et façade. — 8 feuilles dont 1 encadrée et 7 dans
le carton n° 5.
(*Archives de la Commission des Monuments historiques.*)

329 à 331. — **TOULOUSE** (HAUTE-GARONNE). — Église Saint-
Sernin. — Compositionsp our l'exécution d'une grille et
d'un autel. — 1877. — 3 feuilles. (Voir carton n° 5.)
(*Archives de la Commission des Monuments historiques*).

332. — **TROYES** (AUBE). — Cathédrale.— Compositions pour
l'exécution de la sculpture du rétable de l'autel de la
chapelle du Sacré-Cœur. — 1848. — Voir meuble C.
(*App. à M. Geoffroy-Dechaume qui a exécuté d'après le
dessin.*)

333. — **TROYES** (AUBE). — Cathédrale. — Compositions
pour l'exécution de la sculpture d'un crucifix. — 1859. —
Voir meuble C.
(*App. à M. Corbon qui a exécuté d'après le dessin.*)

334. — **USSEL** (CORRÈZE). — Église. — Plan et vues. —
1842. — Voir meuble C.
(*Archives de la Commission des Monuments historiques.*)

335. — **VENISE** (ITALIE). — Église Saint-Marc. — 1 aquarelle. — 1838. — (Encadrée.)
(*App. à Mme veuve Viollet-le-Duc.*)

336. — **VERNOUILLET** (SEINE-ET-OISE). — Église. — Plan,
coupe et élévation. — 1851.— Voir meuble C.
(*Archives de la Commission des Monuments historiques.*)

337 à 345. — **VÉZELAY** (YONNE). — Église de la Madeleine.
Plan, coupes et élévations. — 9 feuilles dont 1 encadrée,
4 dans le meuble C et 4 dans le carton n° 5.
(*Archives de la Commission des Monuments historiques.*)

346 et 347. — **VÉZELAY** (YONNE). — Église de Saint-Père.
Coupes et élévations. — 2 feuilles. — Voir meuble C.
(*Archives de la Commission des Monuments historiques.*)

348. — **VILLEFRANCHE** (LOT-ET-GARONNE). — Église.
Plan, vue perspective et détails. Voir meuble C.
(*Archives de la Commission des Monuments historiques.*)

RESTAURATIONS EXÉCUTÉES

REPRODUITES PAR M. MIEUSEMENT

PHOTOGRAPHE ATTACHÉ A LA COMMISSION DES MONUMENTS HISTORIQUES

*(Ces photographies font partie des archives de la Commission
des Monuments historiques.)*

349. — **AUTUN** (Saône-et-Loire). — Porte Saint-André.
1 feuille. — Carton n° 7.

350. — **AVIGNON** (Vaucluse). — Remparts de la Ville.
1 feuille. — Carton n° 7.

351 à 356. — **CARCASSONNE** (Aude). — Remparts de la
Cité.
6 feuilles. — Carton n° 7.

357. — **CARCASSONNE** (Aude). — Eglise Saint-Nazaire (dans
la Cité).
1 feuille. — Carton n° 7.

358. — **COUCY** (Aisne). — Château.
1 feuille. — Carton n° 7.

359. — **EU** (Seine-Inférieure). — Ancienne église abbatiale.
1 feuille. — Carton n° 7.

360. — **MOISSAC** (Tarn-et-Garonne). — Cloître de l'ancienne église abbatiale.
1 feuille. — Carton n° 7.

361. — POISSY (Seine-et-Oise). — Eglise.
1 feuille. — Carton n° 7.

362.— SAINT-ANTONIN (Tarn-et-Garonne).—Hôtel de Ville.
1 feuille. — Carton n° 7.

363 à 375. — PIERREFONDS (Oise). — Château.
13 Feuilles. — Carton n° 7.
9 photographies par M. Mieusement. — 4 photographies
par M. Dupré.

376 à 378. — SAINT-DENIS (Seine). — Ancienne église
abbatiale.
8 feuilles. — Carton n° 7.

379. — SENS (Yonne). — Salle Synodale.
1 feuille. — Carton n° 7.

380. — TOULOUSE (Haute-Garonne). — Donjon du Capitole.
1 feuille. — Carton n° 7.
Photographie de M. Provost.

381. — TOULOUSE (Haute-Garonne). — Ancien collège Saint-
Raymond, aujourd'hui presbytère de l'église Saint-
Sernin.
1 feuille. — Carton n° 7.

382 et 383. — TOULOUSE (Haute-Garonne). — Eglise Saint-
Sernin.
2 feuilles. — Carton n° 7.

384 à 386. — VÉZELAY (Yonne). — Ancienne église abbatiale de la Madeleine.
3 feuilles. — Carton n° 7.

387. — VÉZELAY (Yonnne). — Eglise de Saint-Père.
1 feuille. — Carton n° 7.

TRAVAUX NEUFS EXÉCUTÉS
ET PROJETS

388 et 389. — **AILLANT-SUR-THOLON** (Yonne). — Eglise construite.

Photographies et planches gravées. — 2 feuilles. — Voir carton n° 8.

390. — **AJACCIO** (Corse). — Premier projet du monument élevé à la mémoire de Napoléon Ier et de ses frères. — 1862. — 1 cadre.

391. — **AJACCIO** (Corse). — Monument élevé à la mémoire de Napoléon Ier et de ses frères. — 1862. — 1 cadre.

392 à 395. — **ALGER**. — Esquisses et modèle d'un monument projeté sous le règne de Napoléon III. — 1864.

3 dessins et 1 photographie. — Voir meuble C et carton n° 8.

396. — **AMIENS** (Somme). — Salle des catéchismes, construite près la cathédrale.

1 feuille, planches gravées. — Voir carton n° 8.

397. — **CARABANCEL** (Espagne). — Projet de chapelle funéraire pour la duchesse d'Albe. — 1867. — 1 cadre.

398. — **CARCASSONNE** (Aude). — Eglise Saint-Gimer (construite).

1 feuille, planches gravées. — Voir carton n° 8.

399. — **CLERMONT** (Puy-de-Dôme). — Façade de la cathé-
drale de Clermont, en cours d'exécution.
Photographie du dessin original qui n'a pas été retrouvé. .
— Voir carton n° 8.

400. — **CREIL** (Oise). — Rendez-vous de chasse (construit).
1 feuille de planches gravées. — Voir carton n° 8.

401 et 402. — **EU** (Seine-Inférieure). — Château.
Cartons composés et dessinés par Viollet-le-Duc pour l'exécution des vitraux du portique sur le jardin. — 1879.
2 cadres, dont 1 dans le meuble C.
(*App. à M. le Comte de Paris.*)

403 et 404. — **EU** (Seine-Inférieure). — Château.
Carton composé et dessiné par Viollet-le-Duc pour l'exécution des peintures. — 1874-1876.
2 châssis.
(*App. à M. le Comte de Paris.*)

405. — **EU** (Seine-Inférieure). — Château.
Revêtement du coffre des cheminées, composition (grande
galerie du rez-de-chaussée). — 1874.
1 cadre dans le meuble C.
(*App. à M. le Comte de Paris.*)

406. — **EU** (Seine-Inférieure). — Maison de jardinier
(construite).
1 feuille, planches gravées. — Voir carton n° 8.

407 à 409. — **LAUSANNE** (Suisse). — Flèche (construite) de
la cathédrale.
2 feuilles de dessins encadrées et 1 feuille de photographies. — Voir carton n° 8.
(*App. à la Ville de Lausanne.*)

410. — **LAUSANNE** (Suisse). — Maison que Viollet-le-Duc a
construite pour lui, en 1874; il y est mort (le 17 septembre 1879).
1 planche gravée. — Voir carton n° 8.

411 et 412. — **NARBONNE** (Aude). — Projet de fontaine
et projet de monument en 1844.
2 feuilles. — Voir carton n° 8.
(*App. à la Ville de Narbonne.*)

413 et 414. — **ODESSA** (Russie). — Tombeau (construit)
du Prince Woronzow.
2 feuilles de photographies. — Voir carton n° 8.

415 et 416. — **PARIS** (Seine). — Flèche de la Cathédrale.
2 photographies, dont 1 encadrée et 1 dans le carton n° 8.

417. — **PARIS** (Seine). — Modèle de la flèche de la Cathédrale, exécutée sur les dessins de Viollet-le-Duc.
(*App. à M. Ouradou.*)

418 à 420. — **PARIS** (Seine). — Monuments élevés dans la
Cathédrale à la mémoire de Mgr de Quélen, de Mgr de
Beaumont et du maréchal de Guébriant.
3 feuilles dans le meuble C.
(*App. au Ministère des Cultes.*)

421 à 425. — **PARIS** (Seine). — Projet de nouvel Opéra.
5 cadres.

426 à 428. — **PARIS** (Seine). — Projet d'église, commandé
par la Ville pour le quartier de Chaillot. (*N'est pas
exécuté.*)
3 cadres.

429. — **PARIS** (Seine). — Projet de restauration du palais
des Tuileries.
1 feuille, planches gravées. — Voir carton n° 8.

430. — **PARIS** (Seine). — Chapelle (construite) du petit
séminaire,
1 feuille, planches gravées. — Voir carton n° 8.

431. — **PARIS** (Seine). — Hôtel, construit boulevard
Haussmann.
1 feuille, planches gravées. — Voir carton n° 8.

432. — **PARIS** (Seine). — Maison construite rue Chauchat.
1 feuille, planches gravées et photographies. — Voir carton n° 8.

433. — **PARIS** (Seine). — Maison que Viollet-le-Duc a construite pour lui, rue Condorcet.
Feuille, planches gravées. — Voir carton n° 8.

434. — **PARIS** (Seine). — Maison (construite) du chapitre de la Cathédrale.
1 feuille de photographies. — Carton n° 8.

435. — **PARIS** (Seine). — Tombeau (construit) du duc de Morny.
1 feuille de photographies. — Voir carton n° 8.

436. — **PARIS** (Seine). — Tombeaux (construits) de Lassus et Millet, architectes, et monument élevé à Paul-Louis Courrier.
1 feuille, planches gravées et photographies. — Voir carton n° 8.

437 à 441. — **PARIS** (Seine). — Train impérial exécuté par la Compagnie d'Orléans, d'après les dessins de Viollet-le-Duc.
2 cadres, 1 châssis et 2 feuilles, planches gravées. — Voir carton n° 8.

442. — **SAINT-DENIS** (Seine). — Église paroissiale (construite).
1 feuille de photographies. — Voir carton n° 8.

ORFÈVRERIE

(Tous les dessins catalogués sous ce titre sont des compositions.)

443. — **AIGUIÈRE**, bagues, bougeoir, ciboire, croix épisco-
pale et crosse.
1 feuille. — Voir carton n° 9.
(App. à M. Poussielgue.)

444. — **AIGUIÈRE**, bénitier, encensoir, navette et sonnette.
1 feuille. — Voir meuble B.
(App. à M. Poussielgue.)

445. — **AUTELS**. — Projets pour la Cathédrale de Paris.
1 cadre.
(App. au Ministère des Cultes.)

446 et 447. — **AUTEL** de la chapelle du Sacré-Cœur, dans
la cathédrale d'Amiens.
2 feuilles dont 1 dans le meuble B et 1 dans le carton n° 9.
(App. au Ministère des Cultes.)

448 et 449. — **AUTEL** de la cathédrale de Strasbourg, composition des bas-reliefs qui le décorent.
2 feuilles. — Voir meuble B.
(App. à M. Poussielgue.)

450. — **AUTEL** en bronze, doré et émaillé.
(Voir meuble B.)
(App. à M. Poussielgue.)

451. — AUTEL en cuivre doré.
1 feuille. — Voir carton nº 9.
(*App. à M. Poussielque.*)

452. — BÉNITIER.
1 feuille. — Voir meuble B.
(*App. à M. Poussielgue*).

453. — BOUGEOIR, BURETTE et **ENCENSOIR.**
1 feuille. — Voir meuble B.
(*App. à M. Poussielgue*).

454. — BRANCHES.
1 feuille. — Voir meuble B.
(*App. à M. Poussielgue.*)

455. — BURETTES et **CANDÉLABRES.**
1 feuille. — Voir carton nº 9.
(*App. à M. Poussielgue.*)

456. — CALICES et **CIBOIRES**
1 feuille. — Voir meuble B.
(*App. à M. Poussielgue.*)

457. — CALICE, CIBOIRE, DAIS et **FIGURES.**
1 feuille. — Voir meuble B.
(*App. à M. Poussielgue.*)

458. — CANDÉLABRES.
1 feuille. — Voir carton nº 9.
(*App. à M. Poussielgue.*)

459 à 470. — CHANDELIERS.
12 feuilles dont 6 dans le meuble B et 6 dans le carton
nº 9.
(*App. à M. Poussielgue.*)

471. — CHASSES.
1 feuille. — Voir meuble B.
(*App. à M. Poussielgue.*)

472. — **COFFRE, ÉVANGÉLIAIRE,** etc.
1 feuille. — Voir meuble B.
(App. à M. Poussielgue.)

473. — **COLONNE** dans la chapelle de la Vierge de la Cathédrale de Reims.
1 feuille. — Voir carton n° 9.
(App. à M. Poussielgue.)

474 à 476. — **COURONNE DE LUMIÈRES** de la Cathédrale de Paris.
3 feuilles dont 1 sur châssis, 1 dans le meuble B et 1 dans le carton n° 9.
(App. à M. Poussielgue.)

477 à 480. — **CROIX** d'autel et de procession.
4 feuilles dont 2 dans le meuble B et 2 dans le carton n° 9.
(App. à M. Poussielgue.)

481. — **CROSSES.**
1 feuille. — Voir meuble B.
(App. à M. Poussielgue.)

482. — **DAIS, PRIE-DIEU ET PUPITRE.**
1 feuille. — Voir meuble B.
(App. à M. Poussielgue.)

483. — **FIGURES** exécutées pour la restauration de la châsse de la Cathédrale de Troyes.
1 feuille. — Voir meuble B.
(App. à M. Poussielgue).

484. — **FIGURES** exécutées pour le tabernacle de l'autel de la Cathédrale de Clermont.
1 feuille. — Voir meuble B.
(App. à M. Poussielgue).

485. — **FIGURES** (Christ).
1 feuille. — Voir meuble B.
(App. à MM. Pascal et Poussielgue.)

486 — **FLAMBEAUX** exécutés pour la Cathédrale de Paris.
1 feuille. — Voir meuble B.
(*App. à M. Poussielgue*).

487 et 488. — **FONTS BAPTISMAUX** de la Cathédrale de Paris.
2 feuilles. — Voir carton n° 9.
(*App. à M. Poussielgue.*)

489. — **GRILLES** du sanctuaire de la Cathédrale de Paris (ornementation).
1 feuille. — Voir carton n° 9.
(*App. à M. Poussielgue.*)

490 et 494. — **LAMPES** et lustres.
5 feuilles dont 1 dans le meuble B et 4 dans le carton n° 9.
(*App. à M. Poussielgue.*)

495 à 498. — **LUTRIN** de la Cathédrale de Paris.
4 feuilles. — Voir carton n° 9.
(*App. à M. Poussielgue.*)

499. — **NAVETTES, PORTE-LAMPE** et **PORTE-LUMIÈRES**.
1 feuille. — Voir carton n° 9.
(*App. à M. Poussielgue.*)

500 à 509. — **OSTENSOIRS.**
10 feuilles, dont 7 dans le meuble B et 3 dans le carton n° 9.
(*App. à M. Poussielgue.*)

510. — **PUPITRES.** — 1 feuille. — Voir carton n° 9.
(*App. à M. Poussielgue.*)

511. — **RELIQUAIRES** de la couronne d'épines et de la vraie croix, composés pour la Cathédrale de Paris.
1 cadre.
(*App. au Ministère des Cultes.*)

512 à 514. — **RELIQUAIRES.**
3 feuilles. — Voir meuble B.
(*App. à M. Poussielgue.*)

515. — **TABERNACLES** exécutés pour la Cathédrale de Paris.
1 feuille. — Voir meuble B.
(*App. à M. Poussielgue.*)

516 à 519. — **TABERNACLE** de l'autel de la Cathédrale de Clermont.
4 feuilles dont 2 dans le meuble B et 2 dans le carton n° 9.
(*App. au Ministère des Cultes.*)

PAYSAGES

FRANCE ET ITALIE

520. — BELGIRATE (Italie).
Septembre 1861. — 1 cadre.

521. — CALATAFIMI (Italie).
Sépia 1836. — (Encadrée.)

522. — CAMPO-BELLO (Italie). — La Cava di Caho, car-
rières des temples de Sélinunte.
Sépia, 1836. — (Encadrée)

523. — CATANE (Italie). — Cratère supérieur de l'Etna.
Juin 1836. — Voir carton n° 10.

524. — CATANE (Italie). — Vue prise des rampants de
l'Etna.
Juin 1836. — 1 cadre.

525 et 526. — COMPIÈGNE (France). — Dans la forêt.
Gouaches 1869 et 1871. — (Encadrées.)
(*App. à M*^{me} *Suréda*).

527. — COMPIÈGNE (France). — Vue de la forêt.
Mai 1871. — 1 cadre.

528 et 529. — COMPIÈGNE (France). — 2 vues de la forêt.
— 1871. — (Encadrées.)

530 et 531. — COMPIÈGNE (France).
2 vues de la forêt.
Mai 1871. — (Encadrées.)

532. — **COUTANCES** (France).
Sépia, 1835. — (Encadrée.)

533. — **FLORENCE** (Italie). — Vue prise de San-Miniato.
1836. — (Encadrée.)

534. — **NAPLES** (Italie). — Vue du golfe et de l'île de Capri.
Aquarelle, 1836. — (Encadrée.)

535. — **PALERME** (Italie). — Le Char des fêtes de Sainte-
Rosalie.
Aquarelle, 1836. — (Encadrée.)

536. — **PALERME** (Italie). — Environs.
Mai 1836. — Voir carton n° 10.

537 à 546. — **PARIS.** — Environs de Paris pendant le Siège.
Aquarelles, 1870–1871. — (Encadrées.)
(*App. à M*^{me} *Suréda.*)

547. — **PIAZZA** (Italie.)
Sépia, 1836. — (Encadrée.)

548. — **SUBIACO** (Italie). — Environs.
Sépia, 1836. — (Encadrée.)

549. — **SUBIACO** (Italie). — La Cervara, près Subiaco.
Sépia, 1837. — (Encadrée.)

550. — **SUBIACO** (Italie). — Vue prise au-dessus de la Santa-
Scolastica.
Sépia, 1837. — (Encadrée.)

551. — **TIVOLI** (Italie). —La villa d'Este.
Sépia, 1837. — (Encadrée.)

552. —   (Italie).
1836. — Voir carton n° 10.

553. — Composition. — Scène tirée des *Commentaires de
César* et placée par l'auteur dans la forêt de Compiègne.
(France).
Mai 1871. — 1 cadre.
(*App. à M*^{me} *Suréda.*)

SUISSE ET MONT-BLANC

554. — Carte du **MASSIF DU MONT-BLANC.**
Dessin original de la carte publiée par Baudry, éditeur.
1 cadre.

555. — Sur l'arête de l'aiguille de **BELLAVAL** (Mont-Blanc).
16 juillet 1874. — 1 cadre.

556. — **L'AIGUILLE DE FLORIA**, au-dessous de la Flégère (Mont-Blanc).
Août 1876. — Voir carton n° 10.

557. — De la base de l'**AIGUILLE DU MIDI** (Mont-Blanc).
2 septembre 1875. — 1 cadre.

558 et 558 *bis.* — Rampants et sommet de **L'AIGUILLE DU MIDI** (SAVOIE).
2 dessins. — Voir carton n° 10.

559. — **AIGUILLES ROUGES** du col des Montets (Mont-Blanc).
10 août 1877. — 1 cadre.

560. — Col d'**ANTERNE** (Mont-Blanc).
28 juillet 1877. — 1 cadre.

561. — De l'aiguille du **BOCHARD** (Mont-Blanc).
Août 1877. — 1 cadre.

562. — Le **BONHOMME.** (Mont-Blanc). Sommet de la grande moraine de gauche (rive) de l'ancien glacier.
10 juillet 1873. — 1 cadre.

563. — Le **BONHOMME** avec l'épine de roches séparant les deux glaciers (Mont-Blanc).
18 juillet 1874. — 1 cadre.

564. — Le **BONHOMME** et le **LAC JOVET** (Mont-Blanc).
6 août 1876. — 1 cadre.

565. — COL DU BONHOMME (Mont-Blanc).
1er août 1877. — Cadre.

566. — Au fond de la **BONNE FEMME**.
15 juillet 1874. — 1 cadre.

567. — La **BONNE FEMME** (Mont-Blanc).
26 août 1875. — Voir carton n° 10.

568. — Les **BOSSONS** (Mont-Blanc).
23 juillet 1874. — Voir carton n° 10.

569. — Avalanche des **BOSSONS** (Mont-Blanc).
Août 1877. — Voir carton n° 10.

570. — Du **LAC DU BRÉVENT**.
3 août 1874. — 1 cadre.

571. — **LAC DU BRÉVENT** (Mont-Blanc).
5 août 1874. — 1 cadre.

572. — **LACS BLANCS** (Mont-Blanc).
4 septembre 1875. — 1 cadre.

573. — Le **BRÉVENT**, pris du plan Praz (Mont-Blanc).
6 septembre 1875. — Voir carton n° 10.

574. — **LE BRÉVENT** (Mont-Blanc).
10 août 1876. — 1 cadre.

575. — Du col du **BRÉVENT**.
1877. — 1 cadre.

576. — Station de **CATOGNE** (Mont-Blanc).
16 août 1872. — Voir carton, n° 10.

577. — Au-dessus du **CHAPEAU**. Les aiguilles pourries et
rouges (Mont-Blanc).
13 Septembre 1875. — 1 cadre.

578. — Station au-dessus de la **FLÉGÈRE** (Mont-Blanc).
10 août 1872. — Voir carton n° 10.

579. — Station au-dessus de la **FLÉGÈRE**. Aiguilles Pourries.
— (Mont-Blanc).
14 août 1872. — 1 cadre.

580. — Au-dessous de la **FLÉGÈRE** (Mont-Blanc).
12 août 1876. — 1 cadre.

581. — Mélèzes de la **FORCLAZ** (Suisse).
Avril 1879. — 1 cadre.
(*App. à M*^me *Suréda.*)

582. — De la cime **DES FOURS** (Mont-Blanc).
27 juillet 1872. — Voir carton n° 10.

583. — Courbe au-dessous de la cime **DES FOURS**, côté sud
(Mont-Blanc).
9 juillet 1873. — Voir carton n° 10.

584. — La **CIME DES FOURS** (Mont–Blanc).
26 août 1875. — 1 cadre.

585. — Au–dessous de la **CIME DES FOURS** (Mont-Blanc).
4 août 1876. — 1 cadre.

586. — **CIME DES FOURS** (Mont-Blanc).
1er août 1877. — Cadre.

587. — **GLACIER** (Mont–Blanc).
1 cadre.

588. — **GLACIER DU BOIS** (Mont-Blanc).
Juillet 1871. — 1 cadre.
(*App. à M*^me *Suréda.*)

589 et 590. — Bas du **GLACIER DU BOIS**.
2 dessins. — 22 juillet 1874. — Voir carton n° 10.

591. — Le **GLACIER DU BOIS** (Mont–Blanc).
24 août 1876. — 1 cadre.

592. — Étude de restitution du **GLACIER DU BOIS** à l'époque
glaciaire (Mont-Blanc).
Août 1874. — Voir carton n° 10.

593. — Rocher du **GLACIER DU BOIS** (Mont-Blanc).
24 août 1876. — Voir carton n° 10.

594. — **GLACIER DU RHONE** (Suisse).
22 juin 1875. — 1 cadre.

595. — **GLACIER DES PÈLERINS**. — Station au-dessus de la
Pierre-Pointue (Mont-Blanc).
1ᵉʳ août 1871. — Voir carton n° 10.

596. — Du point culminant de la moraine du **GLACIER DES
PÈLERINS** (Mont-Blanc).
21 juillet 1873. — 1 cadre.

597. — **GLACIER DE SALEYNOZ** (Mont-Blanc).
15 juillet 1871. — 1 cadre.

598 et 599. — Au-dessus de **HANDECK** (Suisse.)
19 juin 1875.
2 feuilles, dont 1 encadrée et 1 dans le carton n° 10.

600. — **LAC DU COL**, sous l'Aiguille pourrie.
7 août 1874. — 1 cadre.

601. — Lac supérieur, sous **L'AIGUILLE DE FLORIA** (Mont-
Blanc).
7 août 1874. — 1 cadre.

602. — De la moraine médiane du **LAC JOVET** (Mont-Blanc).
28 juillet 1872. — Voir carton n° 10.

603. — **LAC JOVET** (Mont-Blanc).
Août 1876. — cadre.

604. — **LAC JOVET** (Mont-Blanc).
1877. — 1 cadre.

605. — De la **MAIENWAND** (Mont-Blanc).
20 juin 1875. — Voir carton n° 10.

606. — **MER DE GLACE** (Mont-Blanc).
7 septembre 1868. — 1 cadre.
(*App. à M*ᵐᵉ *Suréda.*)

607. — **MER DE GLACE** sous les séracs des Géants (Mont-Blanc).
18 juillet 1873. — Voir carton n° 10.

608. — Des châlets de **MERLET** (Mont-Blanc).
26 juillet 1871. — Voir carton n° 10.

609. — Du sommet du **MONT-JOLI** (Mont-Blanc).
6 juillet 1873. — Voir carton n° 10.

610. — **NANT-BORAN** (Suisse).
1871. — Cadre.
(*App. à M*me *Suréda.*)

611. — **LES GRANDS MULETS** (Mont-Blanc).
1876. — 1 cadre.

612. — Du **PLAN DE L'AIGUILLE DU MIDI** (Mont-Blanc).
17 août 1876. — 1 cadre.

613. — Aiguille **DU PLAN**, prise sur les moraines au-dessus et à gauche de Pierre-Pointue (Mont-Blanc).
14 août 1877. — 1 cadre.

614. — Station des **POSETTES** (Mont-Blanc).
26 juillet 1873. — Voir carton n° 10.

615. — Sommet du **PRARION** (Mont-Blanc).
7 juillet 1873. — 1 cadre.

616. — Rocher des **RACHASSES** (Mont-Blanc).
Juillet 1872. — Voir carton n° 10.

617. — **LES RACHASSES** (Suisse).
Juillet 1872. — 1 cadre.
(*App. à M*me *Suréda.*)

618. — **LA GRANDE SCHEIDECK** (Suisse).
Avril 1879. — 1 cadre.
(*App. à M*me *Suréda.*)

619. — Le **GLACIER DE TRÉLATÊTE** (Mont-Blanc).
11 juillet 1873. — Voir carton n° 10.

620. — Au-dessus du châlet du pavillon de **TRÉLATÊTE** (Mont-Blanc).
28 août 1875. — 1 cadre.

621. — **TRÉLATÊTE** (Mont-Blanc).
3 août 1876. — 1 cadre.

622. — **GLACIER DE TRÉLATÊTE** (Mont-Blanc).
6 août 1876. — 1 cadre.

623. — **TRÉLATÊTE** (Mont-Blanc).
31 juillet 1877. — 1 cadre.

624. — **GLACIER DE TRÉLATÊTE** (Mont-Blanc).
3 août 1877. — 1 cadre.

625 à 640. — Seize paysages de **SUISSE** et du **MONT-BLANC**, portant chacun leur légende.
1863-1879. — Cadres.
(*App. à M*me *Suréda.*)

641 à 644. — **MONT-BLANC**.
4 cadres sans légende.

645. — **COMPOSITION**.
Sépia 1872. — (Encadrée.)
(*App. à M*me *Suréda.*)

646. — **LAUSANNE** (Suisse). — Fin de l'époque glaciaire. (Étude de restitution). — 1879. — 1 cadre.
(*App. à M*me *Suréda.*)

ŒUVRES

SPÉCIALEMENT DESTINÉES A L'ENSEIGNEMENT

---

647 à 657. — **MODÈLES** de dessin exécutés de 1840 à 1850, sous les yeux des élèves de l'École de dessin (aujourd'hui École nationale des Arts décoratifs), dont l'auteur a été professeur pendant longtemps.

11 châssis.

(*App. à l'École nationale des Arts décoratifs.*)

658 et 659. — **MODÈLES** exécutés pour le cours de l'histoire de l'Art à l'École des Beaux-Arts, en 1863.

2 châssis.

660. — **ANALYSE** de la structure des Thermes romains, faite pour les élèves de l'École centrale d'Architecture.

Mars 1867. — 1 cadre.

(*App. à l'École centrale d'Architecture.*)

661. — **ANALYSE** de la structure du temple dorien, d'après les monuments, faite pour les élèves de l'École centrale d'Architecture.

Décembre 1865. — 1 cadre.

(*App. à l'École centrale d'Architecture.*)

662. — **HISTOIRE D'UNE MAISON** (Dessins originaux de l').

1 cadre.

(*App. à M Hetzel, éditeur de l'ouvrage.*)

663. — **HISTOIRE D'UNE MAISON.** Dessins originaux sur bois, qui ont servi à faire des *fac-simile* pour la gravure.

Voir la vitrine.

(*App. à M. Hetzel, éditeur de l'ouvrage.*)

664 à 667. — **HISTOIRE D'UNE FORTERESSE** (Dessins originaux de l'). 4 cadres.
(*App. à M. Hetzel, éditeur de l'ouvrage.*)

668. — **HISTOIRE DE L'HABITATION HUMAINE** (Dessins originaux de l'). 1 cadre.
(*App. à M. Hetzel, éditeur de l'ouvrage.*)

669. — **HISTOIRE D'UN HOTEL-DE-VILLE** (Dessins originaux de l').
(*App. à M. Hetzel, éditeur de l'ouvrage.*)

670. — **HISTOIRE D'UN DESSINATEUR** (Dessins originaux sur bois, qui ont servi à faire des *fac-simile* pour la gravure). — Voir la vitrine.
(*App. à. M. Hetzel, éditeur de l'ouvrage.*)

671. — **HOTEL MODERNE** (Composition). Dessin original, publié dans les *Entretiens sur l'Architecture*. (Encadré.)
(*App. à la maison Morel, éditeur de l'ouvrage.*)

672. — **PANS DE FER MODERNES** (Composition). Dessin original publié dans les *Entretiens sur l'Architecture*. (Encadré.)
(*App. à la maison Morel, éditeur de l'ouvrage.*)

673. — **SALON FRANÇAIS**; commencement du xviie siècle. Dessin original (encadré) publié dans *l'Art*, en 1879. « *De la décoration appliquée aux édifices.* »
(*Propriété de ce journal.*)

674. — **VILLA MODERNE** (Composition). Dessin original, publié par la maison Morel, éditeur. (Encadré.)
(*App. à cette maison.*)

ŒUVRES DIVERSES

675. — BAPTÊME DU PRINCE IMPÉRIAL. (Dessin exécuté pendant la cérémonie.) — (Encadré.)
(*App. à M. E. Viollet-le-Duc.*)

676. — BATAILLE D'HASTINGS. (Composition.)
Dessin à la plume. — 1 cadre.
(*App. à M. Armingaud.*)

677. — HOSTILITÉS D'UN CHAT contre des soldats de plomb.
5 dessins. — 1 cadre.
(*App. à Me Ouradou.*)

678. — LA PRISE DE ROCHEPONT. (Scène tirée de l'*Histoire d'une Forteresse*. — 1 cadre.
(*App. à M. Corroyer.*)

679. — LE PRIX DU TOURNOI.
Dessin original publié dans le *Dictionnaire du Mobilier*. — (Encadré.)
(*App. à la maison Morel, éditeur de l'ouvrage.*)

680. — LIT RENAISSANCE. (Composition.)
1868. — 1 cadre.

681. — LITIÈRE AU XIIIe SIÈCLE.

Dessin original (encadré) publié dans le *Dictionnaire du Mobilier*.

(*App. à M. Armingaud.*)

682. — PALAIS RENAISSANCE. (Composition.)

Sépia, 1841. — (Encadrée.)

(*App. à Me Hunout.*)

683. — SOUPER donné aux Tuileries sous Louis-Philippe, dans la salle du théâtre.

Peinture à l'huile. — 1 cadre.

(*App. à M. Léon Gaucherel.*)

684. — VILLA. (Composition.)

Sépia, 1841. — 1 cadre.

(*App. à Me Hunout.*)

ERRATA

685 et 686. — Cartons composés et dessinés par Viollet-le-Duc pour l'exécution des peintures murales de la chapelle Sainte-Madeleine, dans la cathédrale de Paris. — 2 châssis.

(*App. au Ministère des Cultes.*)

OUVRAGES DE VIOLLET-LE-DUC

Dictionnaire raisonné de l'architecture française du XIe au XVIe siècle. 10 vol. in-8 (3,745 bois gravés).

Dictionnaire raisonné du Mobilier français de l'époque carlovingienne à la Renaissance. 6 vol. in-8 (2,024 gravures sur bois dans le texte, 30 gravures sur acier, 58 gravures sur bois tirées hors texte, et 43 chromolithographies).

Entretiens sur l'architecture. 2 vol. in-8, avec atlas de 36 planches.

Essai sur l'architecture militaire au moyen âge (extrait du *Dictionnaire raisonné de l'Architecture française du XIe au XVIe siècle*). 1 vol. in-8 (gravures sur bois dans le texte).

Mémoire sur la défense de Paris (septembre 1870-janvier 1871). 1 vol. in-8, et 1 atlas in-4 de 12 cartes.

L'Art russe, ses origines, ses éléments constitutifs, son apogée, son avenir. 1 vol. in-8 (97 bois gravés, intercalés dans le texte, 14 planches gravées en taille-douce et 18 chromolithographies).

Modèles de dessin. Temple grec, style dorien, 1 feuille in-plano, 100/72. — Thermes de Caracalla, à Rome, 1 feuille in-plano, 100/72.

Description et histoi7e du château de Pierrefonds, Br. in-8, (vignettes gravées sur bois).

Description du château de Coucy, Br. in-8, (vignettes gravées sur bois).

La Cité de Carcassonne (Aude), Br. in-8, (vignettes gravées sur bois).

Lettres sur la Sicile, à propos des événements de juin et de juillet 1860. Br. in-8, avec carte de la Sicile.

Lettres adressées d'Allemagne à M. Lance, architecte ; opinions ou observations sur l'architecture et les monuments de ces diverses contrées. Br. in-8.

Intervention de l'État dans l'enseignement des Beaux-Arts. Br. in-8.

Réponse à M. Vitet à propos de l'enseignement des arts du dessin. Br. in-8.

Histoire d'un dessinateur, texte et dessins, 1 vol. in-8.

Histoire d'une maison, texte et dessins, 1 vol. in-8.

Histoire d'une forteresse, texte et dessins, 1 vol. in-8.

Histoire de l'habitation humaine, texte et dessins, 1 vol. in-8.

Histoire d'un hôtel de ville et d'une cathédrale, texte et dessins, 1 vol. in-8.

Le Massif du Mont-Blanc, étude sur sa constitution géodésique et géologique, sur ses trois formations et sur l'état ancien et moderne de ses glaciers, 1 vol. in-8 (112 fig. dans le texte).

Carte du massif du Mont-Blanc, dressée aux 1/40,000 (de 1868 à 1875), d'après les relevés et les études sur le terrain ; avec l'aide des levés du capitaine d'état-major Mieulet.

De l'étude de la géographie et de la topographie dans l'armée (extrait du *Journal des Sciences militaires*, 1872 (1 br. in-8, — dessins dans le texte).

La fortification passagère dans les guerres actuelles (extrait du *Journal des Sciences militaires*), 1875, 1 br. in-8 (dessins dans le texte).

Un mot sur les guerres de montagne (extrait du *Journal des Sciences militaires*), 1 br. in-8 (10 fig. dans le texte).

De la décoration appliquée aux édifices (extrait de *l'Art*), 1 br. avec dessins.

OUVRAGES PUBLIÉS EN COLLABORATION

Description de Notre-Dame (Cathédrale de Paris), par de Guilhermy et E. Viollet-le-Duc ; 1 vol. in-12 (5 vignettes sur bois).

Monographie de Notre-Dame-de-Paris et de la nouvelle Sacristie, de MM. Lassus et Viollet-le-Duc ; 1 volume grand in-folio (63 planches gravées, 12 photographies. 5 planches en chromo-lithographie ; notice historique par M. Celtibère, architecte.)

Chapelles de Notre-Dame-de-Paris, peintures murales, exécutées sur les cartons de E. Viollet-le-Duc, relevées par Maurice Ouradou ; 1 vol. et atlas de 62 pl. in-fol.

Habitations modernes recueillies par E. Viollet-le-Duc, avec le concours du comité de rédaction de l'*Encyclopédie d'Architecture* et la collaboration de Félix NARJOUX ; 2 vol. in-fol., avec 200 pl.

IMPRIMERIE CENTRALE DES CHEMINS DE FER. — A. CHAIX ET Cie.
RUE BERGÈRE 20, A PARIS. — 8170-0.